AF204234

Andreas Trinczek

Emotions

Gedichte über Liebe und Trauer

Inhaltsverzeichnis

Über den Autor

Schönen guten Tag meine Damen und Herren, Jungs und Mädels.

Mein Name ist Andreas Trinczek und ich bin der Autor dieses Werkes. 1990 in Iserlohn geboren, lebe ich derweil in Dortmund und absolviere hier ein Studium zum Psychologen.

Mein Ziel ist es zu einem in einer geschlossenen Klinik Patienten mit schweren Persönlichkeitsstörungen wie Borderline, Bi-Polarität und schweren Depressionen zu arbeiten. Ich denke gerade diese Menschen verdienen mehr Aufmerksamkeit und bedürfen geholfen zu werden.

Privat trinke ich gerne ein Glas Rotwein oder Gin während eines guten Thrillers. In meiner Freizeit besuche ich gerne das Fitnessstudio oder gehe Salsa tanzen. Ansonsten schreibe ich oder betreibe eine entspannende Runde Yoga.

Mein Lebensweg hat mich durch zahlreiche soziale Schichten, Szenen und Milieus geführt bei denen ich außergewöhnliche und besondere Menschen kennen gelernt habe.

So unterschiedlich diese Menschen auch waren eines verbindet sie. Ihre Gefühle! Liebe, Trauer und Schmerz. Sie sind in allen Gefilden und Bereichen gleich. Und genau über diese handelt dieses Werk.

Ich wünsche Ihnen und euch viel Spaß.

Euer Andi.

Vorwort

Dies ist mein zweites Werk. Ich arbeite schon sehr lange daran. Besser gesagt schreibe an diesem Werk. Ich mag es nicht das Wort „Arbeit" mit „schreiben" zu verbinden. Denn selbst wenn dies für viele Menschen Arbeit ist oder darstellt, ja diesen Blickwinkel mag ich sogar nachvollziehen können, so ist meine Perspektive doch eine andere.

Schreiben ist Freiheit!

Es ist Ruhe und Frieden. Lieben und Sehnsucht.

Es ist Leben!

Wenn ich schreibe kann ich schreiben was ich möchte. Das was mich gerade beschäftigt, was mir auf der Seele liegt und mich berührt. Etwas das mich bewegt, vielleicht schon seit langer Zeit. Das ich niemandem sagen und anvertrauen kann, nicht mal meinem besten Freund oder meiner Familie. Nein. Es sind ganz intime Gedanken, meine Gedanken, fast schon mein Selbst. Die ich allein bei Kerzenschein nieder schreibe aber von denen ich doch weiß das sie bald in aller Munde sein werden.

Also ist es ambivalent! Sehr sogar.

Zum einen wünsche ich mir Intimität und Privatsphäre und zum anderen möchte ich es teilen. Mit der Gesellschaft, ja mit jeder einer um mich mitzuteilen und gehört zu werden. Verrückt.

Wirklich. Diese kurze aber doch präzise, sowie prägnante Antwort, ich meine „Verrückt", habe ich von einer Freundin. Nun gut. Folgendes Werk ist eine Gedichtsammlung. Ja, es handelt von Liebesgedichten. Es handelt von Trauer, Melancholie, Verlust, Verrat, Hass, Liebe, Sehnsucht. Alles was es braucht, um jemanden demütig und rührselig zu stimmen.

Einige empfahlen mir dieses Werk mit einer Altersbeschränkung von 18 Jahren zu veröffentlichen.

7

Haha!

Ich schreibe aus den tiefen meiner Seele und das in wirklich jedem Werk!

Ihr könnt in diesem Buch vollkommen in mich einblicken und in die Tiefen meiner Sehnsüchte und Gedanken vordringen.

Ich denke, es ist sogar weitaus persönlicher als meine Biografie!

Persönlicher als meine Biografie, weil es mich zu meinem jetzigen Zeitpunkt wiederspiegelt. So wie ich jetzt bin. Just in diesem Moment. Dinge die mir durch den Kopf gehen, mich berühren und zum Nachdenken bringen. Dinge die mich von meinem Studium, Sport, und Leben ablenken.

Es ist die Liebe. Wie so oft. Das letzte Gut. Die Vollkommenheit. Und wahrscheinlich das schönste, das uns Menschen gegeben wurde.

Ich wünsche sie jedem! Wirklich jedem! Es ist wunderbar und wir werden durch sie zu besseren Menschen.

Ich möchte nicht groß weiter umherschweifen. Ich hoffe auch du findest deine Liebe.

Und verliebst dich.

Liebe

Was ist Liebe? Dieses Wort, wir alle kennen es! Wir haben es schonst so oft benutzt, doch was heißt es wirklich? Was bedeutet es, wenn wir jemandem sagen, dass wir ihn oder sie lieben?

In meinen Augen ist es das höchste Gut! Das schönste und erfüllendste, das ein Mensch hören kann. Die drei kleinen Worte „Ich liebe dich" können eine ganze Welt verändern! Mehr als nur das. Sie geben einem Menschen das Gefühl von Vertraut- und Geborgenheit. Sie sind ein Symbol für etwas. Ein Symbol dafür nicht ersetzbar oder austauschbar zu sein. Wir brauchen die Menschen die wir lieben. Sie gehören zu uns, sind ein Teil von uns. Ohne sie würde ein Teil von uns verschwinden.

Von allen Emotionen die es gibt ist Liebe mit Abstand die stärkste. Es gibt nichts Vergleichbares! Nichts das uns so erdet und zugleich den Boden unter den Füßen wegreißt wenn wir sie verlieren.

Ich denke es gibt verschiedene Arten von Liebe. Liebe zu unseren Eltern, den Menschen die uns aufzogen. Liebe zu Freunden, den Menschen die uns am nächsten stehen. Und dann gibt es noch die Liebe zu diesem einen Menschen. Dem Menschen den wir lieben. Dem wir alles geben! Wir widmen ihm alles, unser ganzes Dasein, unsere Gefühle, unser handeln und einfach alles was wir tun…im Herzen sind wir bei ihm.

Dieser Mensch, er ist es der für uns „die Liebe" ist. Er ist unersetzbar und zugleich so zerbrechlich. Die Schönheit eines Moments, eines Gefühls, zusammengefasst in einer Person. Wir lieben sie!

Unser Leben wird zu einem besseren. Bloß durch sie! Alles fühlt sich intensiver, erfüllter und einfach… schöner an.

Dieser eine Mensch. Er ist in unserem Herzen. Dort wohnt er. Und er hat es gut. Denn er kann sich auf uns verlassen. Und wir auf ihn. Er ist Teil von uns, sowie wir von ihm.
Ein Teil seiner Welt.
Es ist Liebe!
Das Gefühl bedingungslos von jemandem gebraucht und begehrt zu werden. Ein Gefühl das uns erfüllt und glücklich sein lässt. Ein Gefühl das uns zu der Person macht die wir wirklich sind.
Ein geliebter Mensch.
Denn nur zu zweit sind wir eins. Nur zu zweit lieben wir.
Sind wir vollkommen.
Und glücklich.
Das ist Liebe.
Ich wünsche sie jedem!
Viel Spaß mit diesem Werk.
Auf das auch du die Liebe findest.

Regen in Bulgarien

Mhmmm. Umso öfter ich über diese Nacht nachdenke, desto sicherer bin ich mir das sie die schönste meines Lebens war!
Ja. Deshalb war dies auch das erste Gedicht das ich jemals geschrieben hatte.
Seit unserer Nacht spukte es mir immer wieder im Kopf herum.
Ich hatte es in den Ohren und direkt vor meinen Augen!
Ich wollte die Nacht unsterblich machen und hoffe das ist mir mit diesem Werk gelungen.

Es war ein Freitagabend als ich es niederschrieb. Zuvor war ich mit Freunden unterwegs. Ich ging allein nachhause. In meinem Kopf gab es nur mich, die Sterblichkeit und Vergänglichkeit. Ich fragte mich was noch von mir bleiben würde wenn ich sterbe und wen es wirklich kümmern würde. Ich denke jeder von uns hat sowas mal. Und da fiel sie mir ein! Irina. Das Mädchen das ich 2013 in Bulgarien kennen lernte.

Das Gedicht handelt von unserer schönsten Nacht. Ja Gott, wahrscheinlich von der schönsten Nacht meines ganzen Lebens!

Ich wache auf.

Ich spüre ihren Körper an mir, ganz eng - wir sind nackt.

Ihre blonden Haare streicheln über mein Gesicht und kitzeln leicht meine Nase.

Draußen regnet es in strömen.

Ich höre den kalten und starken regen ans Fenster des Hotels prasseln.

Aber es stört mich nicht.

Ich genieße ihre nähe, wärme, das Gefühl sie zu beschützen, ganz für mich allein zu haben.

Durch die Schalusie erkenne ich den durchnässten Hotel Balkon.

Die Nacht ist wundervoll.

Ich möchte das sie nie wieder endet.

Ich spüre wie sie sich in meinen armen bewegt, sie dreht sich zu mir.

Ihre Augen sind geschlossen, aber wie wach möchte sie mich küssen.

Ich erwidere und genieße ihre vollen roten Lippen auf meinen.

Ihre Haut ist wundervoll weich, ich halte ihr Gesicht mit meiner linken Hand.

Ich spüre wie ihre Brust meine berührt, ihre Nippel sind steif, ich nehme sie noch fester in meine arme.

Dieses Gefühl jemanden zu halten, berühren, zu spüren - es ist unvergleichbar.

Ich höre weiter den regen.

Küsse ihre Stirn.

Langsam schlafe ich wieder ein.

Glückseligkeit

So. Tatsächlich findet sich auch ein sehr positives und schönes Gedicht in meiner Sammlung wieder!

Zwischen all den Tragödien und der Melancholie erinnerte ich mich an einen Morgen, ich hatte kaum geschlafen, da öffnete ich meine Augen und trotz der Müdigkeit war er wunderschön!

Es gab nichts schlechtes daran auszusetzen. Sie lag noch in meinen Armen, lächelte mich an, wir lachten, hatten Sex, frühstückten und verabschiedeten uns. Ein wirklich wundervoller Morgen.

An diesem Tag ging mein Herz auf. Ich fühlte mich glücklich. Die Welt sollte ein besserer Ort werden. Für uns und für unsere Kinder. Für alle Menschen! Wie viel man doch mit Liebe erreichen kann…

Ein wundervoller Morgen   die Sonne   sie lacht,
langsam öffnen sich meine Augen, mein Herz,   es erwacht.
Geschlafen hab ich nicht,   die Nacht war ohne Ruh,
dennoch bin ich glücklich,   eine wunderschöne Frau,
zwinkert mir zu.

In meinen Armen sie lag,   die ganze Nacht lang
sobald ich sie sah,   verspürt ich den Drang,
zu Küssen, ihre wundervollen Lippen, Ihre!
ein Moment, wart ewig,   als ob er gefriere.

So wie ich sie spüre in den Armen meinen,
könnte ich fast anfangen zu weinen.
Doch sollten keine Tränen   von Trauer dies sein
Nein! Ich hielt sie fest, sie war ganz mein!

Dieser schöne Moment,   ich spürte sie lächeln
unsere Herzen schlugen schneller, sie waren am hecheln
So intensiv wie der Kuss, war auch unsere Liebe
zu schön es wäre, wenns für immer so bliebe.

Und so blieb dies nur, bei nem kurzen Moment,
doch hoffe ich nun, auch euer Herz brennt!
Ich möchte erinnern an Tag wo von Hass nicht getrieben,
beenden wir den Krieg, es lebe die Liebe.

One last night

Puhhhh. Auch dieses Gedicht rührt mich zu Tränen. Es ist schön und sehr traurig zu gleich. Es erzählt von einer weiteren meiner Nächte mit einer Frau. Einer ganz besonderen Frau! Und unserer letzten gemeinsamen Nacht. Bitte fragt nicht warum diese unsere letzte war.
Es war unsere letzte, und sie war perfekt, an mehr möchte ich mich gar nicht erinnern!
Es war im Morgengrauen, ich war bei ihr und sie überraschte mich. Bis heute sehe ich noch ihr wundervolles Lächeln vor meinen Augen als sie neben mir lag. Es war unbeschreiblich schön.

Lest es langsam. Betont die einzelnen Reime und macht eine Pause nach jedem Komma. Versucht die Atmosphäre wahrzunehmen. Zu spüren was ich spürte. Ein Gefühl von Glück und ein Moment der niemals enden sollte.

I remember our night, your warm and soft skin
I hold you in my arms, our love was big your body thin.
I looked you into the eyes and kissed your lips
My hands hold you tight on your beautiful hips.

I never had thought it would be our last night
I can still hear the rain   falling outside.
The things i felt this last night,
Will be never forget and stays in my mind.

You gave me something i just forget
I want to have you back in my bed!
It´s only my wish, it will never be,
because it´s the last time i will you see.

Every day and night i think, JUST OF YOU,
why is everybody for themselves and not we two?
I want you back and feel you breathing
otherwise why should my heart still beating?

The months we had, they were perfect,
better then i ever had expect.
I am so thankfull for all you gave to me
You turned me into a better man, it´s just what i be.

Now i´am alone, and I feel so sick
I don´t want this to be true, wake me up quick!
Even if it hurts so much, i will never forget
Our beautiful night, it was just.. perfect.

Seele

Über das kommende Gedicht habe ich viel nachgedacht. Es handelt erstmal nicht von speziell einer Frau - eher von meinen Erfahrungen die ich mit Frauen gesammelt habe. Hmmm… und diese sind auch nicht unbedingt schön, ganz und gar nicht zu empfehlen.

Aber seien wir ehrlich. Wer von uns achtet nicht auf das Aussehen seines Partners. Und wer sagte noch nie, dass es wichtigeres als das Aussehen gibt. Also warum halten wir uns nicht daran? Wir wissen es doch besser. Und das es wichtigeres gibt! Dennoch. Immer das gleiche. Egal wie alt, aus welchem Land, was für ein Hintergrund.

Am Ende könnte es sein das wir unglücklich werden. Weil wir, scheinbar bewusst, die falsche Entscheidung getroffen haben. Traurig. Aber wahr.

Ich denke dieses Gedicht ist äußerst leicht und auch ja, schön zu lesen! Ihr könnt es recht schnell, mit heller und klarer Stimme lesen. Passend zum Thema des Gedichts wie ein altes Kindermärchen! Versucht stets das letzte Wort zu betonen aber noch wichtiger ist mir das ihr seine Botschaft versteht.

Viel Spaß!

Es waren 2 Ritter, sie kämpften eins allein.
Einer war schwarz, der andere Weiß, unterschiedlicher könnten
sie nicht sein.
Das gleiche Land und dieselbe Pein
angehimmelt wurde der weiße von Frauen, wo immer er sei.

Sie schmachteten nach seiner Rüstung, dem perfekten Schein,
nach außen war alles glitzernd und rein.
Der Schwarze war dreckig, wirkte befremdlich und klein,
niemand wollte sein Freund oder gar seine Frau sein.

Umhimmelt er wurde Tag aus und Tag ein,
Sie wollten den Weißen für sich und luden nach hause ihn ein.
Es war nur eine Nacht die sie stehts verbrachten
Danach kam er nie wieder, als würd er sie verachten.

Nie glücklich sie wurden, mit dem dem schönen Schein,
denn innen schien er verdorben und böse zu sein.

So kams eines Tages, der Schwarze machte sich rein
Er nahm ein Bad im Fluss und dacht er wäre allein.
Doch ne Magd sich verlief, erblickte den Ritter wie er waschte sich fein
Da fiel ein strahlender Glanz in ihre Augen ein.

Es war seine Seele, sie strahlte so rein
Sofort wollte die Magd sagen „du! Sei Mein!"
Der Ritter drehte sich um, zog an seine dunklen Trachten
und fragte die Magd „Würdest du mich auch so noch beachten?"

So schnell wie erlosch, der Seele schein,
auch die Magd verschwand, der Ritter war wieder allein

Und so blieb das Land im Chaos gemein,
Niemand erkannte der schwarze und Weißer warn ein!
Nur wollt sie wirklich seine Liebe sein
So sollt sie doch springen über den Schein!

Was Liebe ist...

Was ist Liebe? Ich glaube dies ist eine Frage die viele von uns schon oft beschäftigt hat.

Für den einen ist es ein klares Gefühl jemanden zu begehren, in seiner Nähe sein und bei sich haben zu wollen. Für jemand anderen ist es das Gefühl von Vertrautheit und gegenseitigem Verständnis. Dann gibt es Menschen die können gar nicht genau sagen was Liebe ist. Vielleicht ist es wandelbar. Vielleicht ist sie zu kompliziert und umfangreich um sie zu erklären oder sie haben die Liebe einfach noch nie verspürt.

Wann lieben wir eigentlich? Wer sagt uns, dass wir nicht einfach wen besonders mögen. Ab wann ist unser bester Freund mehr als ein Freund. Wenn wir Sex mit ihm oder ihr wollen? Wohl kaum…

Wir wissen alle recht gut was Liebe NICHT ist. Und irgendwie glauben wir auch zu wissen was in einer Liebesbeziehung da sein sollte. Doch was ist Liebe nun?! Klar definieren oder beschreiben kann es fast niemand. Ich auch nicht. Doch ich versuchte das, von dem ich denke, dass es Liebe am nächsten kommt, in diesem Gedicht zusammenzufassen.

Viel Spaß.

Was Liebe ist,   das fast keiner mehr weiß,
wunderschön und sinnig - sie hat keinen Preis.
Nur wenige Menschen,   erfahren sie noch,
Leben wir doch oft, in unserem dunkelen Loch.

Der Verstand es ist,   er steht uns im Weg
Doch weiß nur das Herz, wo die Liebe hin geht.
Und so laufen wir im dunkeln, unser Herz es wird kalt
Die Gesellschaft verlangt Leistung,   mit aller Gewalt
Herz und Seele des Menschen werden nicht mehr beachtet
wird doch blind und stumpf nach mehr Geld nur geschmachtet.

Und so unser Herz, es gerät in vergessen
sind wir nur von Äußerlichkeiten und Reichtum besessen?

Nein so darf es nicht sein und das will ich auch nicht
so darf es nicht enden, dieses Gedicht!
Deshalb sag ich euch nun, was ich denk Liebe ist
also merkt es euch gut, und niemals vergisst:

Es gibt einen Menschen, für den seit ihr alles,
Niemals will er euch verlieren, um gar keinen Falles!
Wenn ihr euch seht und küsst   so die ganze Welt steht still
niemand den andren jemals mehr missen will!
Das Gefühl das ihr spürt, es strömt aus dem Herzen,
lässt euch vergessen so jedwede Schmerzen
Zwar wird mit dem Menschen, euer Leben nicht perfekt
doch habt ihr nun endlich die Liebe entdeckt!

Schmerz

So. Dieses Kapitel handelt vom Schmerz. Ich denke schon viele von uns mussten die schmerzhafte Erfahrung machen von einer wichtigen Person verletzt zu werden. Und sie erfuhren den Schmerz der einen erfüllte. Der in der Seele brannte und zeigte wie wichtig die Person doch eigentlich war. Folgendes Gedicht handelt von solchen Erfahrungen. Erfahrungen voll mit Schmerz. Situationen in denen ich verletzt, verraten und betrogen wurde! So schmerzhaft sie auch waren, dennoch haben sie alle etwas Gutes. Sie haben mich stärker gemacht! Zu dem Menschen geformt der ich jetzt bin. Und ich denke diese Werke können besonders den Menschen unter euch helfen die unter dem Schmerz leiden. Ja es tut weh. Es schmerzt und verletzt. Doch es macht euch stark! Seid den Menschen die euch etwa sübles angetan haben nicht böse. Nein. Verzeiht ihnen! Das ist wahre Stärke. Und wichtiger noch Verständnis. Menschen tun einander nicht ohne Grund weh. Nein. Sie denken, meistens, das was sie tun sei richtig. Also versucht ein Stück weiter zu denken. Zu fühlen! Umso mehr es schmerzt, desto mehr habt ihr die Person zuvor geliebt. Also wieso ihr wehtun? Das ergibt keinen Sinn. Aus Hass kann nur noch mehr Hass wachsen. Nichts Positives. Beginnt eine Veränderung, seid die Veränderung! Menschen können uns nur verletzen und mit Schmerz erfüllen wenn sie uns mal etwas bedeutet haben. Und das heißt es gab eine Zeit in der sie uns gut taten. Haben solche Menschen es verdient schlecht behandelt zu werden? Selbst wenn sie uns Schmerz zufügten? Nein!

Also merke dir diese Worte und versuch ein besserer Mensch zu sein. Auch wenn du verletzt wurdest. Wenn man dir wehgetan hat, dann verlier dein Ziel nicht außer Augen. Vielleicht war diese Person nicht die Richtige für dich. Und diese eine Person wartet noch! Also hat man dir nur geholfen! Sei gut und vergebe. Lebe dein Leben und hilf anderen Menschen glücklich zu werden. Lehre sie aus deinem Schmerz. Den Erfahrungen die du gesammelt hast. Und mach diese Welt zu einer besseren. Dann fühlst auch du dich besser.

Und langsam.

Ganz langsam.

Vergeht der Schmerz.

Und du fühlst dich gut.

Alone

Folgendes Gedicht ist direkt nach einer sehr sehr traurigen Situation entstanden.

Eine gute Freundin war bei mir. Sie wollte über Nacht bleiben. Ich habe mich schon sehr gefreut, da wir uns nur selten sahen.
Der Abend verlief auch gut, bis wir ins Bett gingen.
Ich weiß nicht wieso, oder was genau passiert ist doch wie aus dem nichts entbrach ein Streit.
Zunächst lagen wir nur schweigend nebeneinander, und ich hatte noch die Hoffnung, dass wir uns wieder fangen. Doch plötzlich steht sie auf, greift ihre Sachen und sagt, dass sie fährt. Sie könne das so nicht.
Mir brach das Herz. Was hatte ich getan? Ich wollte nur, dass es ihr gut geht und sie einen zauberhaften Abend hätte. Aber nein. Ich wollte sie auch nicht aufhalten, schließlich war es ihre Entscheidung und ich mochte sie nicht eingrenzen.
Bereits angezogen sage ich ihr, dass sie gerne bleiben kann jedoch verneint sie.
Und fährt.
Unter Tränen schreibe ich dieses Gedicht.
Ich habe die Nacht nichts mehr von ihr gehört.

I am dying
It´s summer night, but still cold outside.
I am sitting in the kitchen, looking outside the window, a dark quiet night.
A women was here, seconds ago.
She left me, alone.
I don´t know why.
I don´t know what i did wrong.
Everything I wanted, was to make her feel good.
Like a princess, always.

She said she feels sick and can not stay.
She left me alone.
Everything was fine, seconds ago.
What did just happened, I don´t know.
I can feel my heart bleeding.
Now I am alone.

I am dying.

A beautiful face

Der Gedanke zu diesem Gedicht kam mir eines Abends nach dem Telefonat mit einer Freundin. Ich wurde enttäuscht, schwer verletzt. Seit langer Zeit öffnete ich mich wieder einer Frau. Ich ließ mich auf sie ein, erzählte ihr vieles von mir und machte mich so verletzbar. Ich schenkte ihr mein Vertrauen, ließ mich auf sie ein, zählte sie zu meinen Freunden und wurde - verletzt.

Ein Schmerz so stark, mein Herz entbrannte. In meinem Kopf drehte sich alles, ich war verwirrt.

Warum nur?

Es fiel mir nie leicht Menschen zu vertrauen, mich ihnen zu öffnen, zu oft schon wurde ich enttäuscht. Nach vielen Jahren nun öffnete ich mich langsam doch wieder war es ein Fehler. Das veränderte mich. Und brach mein Vertrauen - wieder.

Ein hübsches Gesicht,
mehr wollte sie nicht!
Für ihn war sie alles, sein Herz war am rasen,
die Quelle neuer Kraft, eine Liebes Oase
Jedes mal wenn er sie traf
nahezu sich ihr unterwarf
Trug er sie hoch auf beiden Händen
Sie liebten sich innig, verwoben die Lenden

Seinen Körper pur,
das wollte sie nur!
Sein Verstand war entbrannt, er nahm sie an die Hand
er küsste ihre Lippen so zart, dabei wollte sie es nur hart
Und wenn sie mal stritten,
viel hat er gelitten
Wollt sie nur seine Muse, ja ganz abstrus
alles was sie wollt, in SEX sich verwuchs.

Sein hübsches Gesicht,
mehr wollte sie nicht!
Zu Tränen war er gerührt, als sie ihn verließ,
nichts war besondres, sofort ihn vergieß.
Seine Seele gebrochen
Das Herz war erstochen.
Niemals Liebe es war, nie ihr Herz er erwarb
Traurig aber wahr, er nahm sein Herz,   und starb.

Zu Tränen gerührt

Dieses Gedicht rührt mich, wie der Name schon sagt, immer wieder zu Tränen. Wirklich immer wieder aufs Neue wenn ich es lese. Auch meine Mithörer. Es erzählt die Wahrheit! Die Wahrheit aus meiner teils sehr traurigen und auch brutalen Vergangenheit. Einer Vergangenheit voller Schmerz und seelischer Vergewaltigung. Ich zerbrach immer und immer wieder. Irgendwann, nachdem man einen Spiegel 100-mal repariert hat, erkennt man nichts mehr; zu viele Scherben die einem die Sicht blockieren.
So ist es auch mit der Seele des Menschen. Sie ist zerbrechlich.
Gebt bitte gut auf eure Kinder Acht. Sie sind das Wichtigste. Glaubt mir.

Das Gedicht ist sehr einfach zu lesen. Im Prinzip genau wie es dort steht. Die Reime sind eindeutig und ihr könnt es sehr langsam mit einem ruhigen Ton und lauer Stimme lesen. Lasst euch von dem traurigen Ende nicht entmutigen. Es erzählt eine Geschichte. Und die ist ehrlich. Manchmal enden Geschichten nun mal nicht gut. Aber ich denke es ist trotzdem ein sehr schönes Gedicht, dass eine traurige Geschichte erzählt.

Das Kleine Kind, es einst oft schreite
die Eltern wussten nicht mehr weiter.
Es machte nur noch Kummer, Tag ein Tag aus,
manchmal schmissen sie es raus.
So blieb es draußen für paar Stunden
Oberflächlich hielten seine Wunden.
Abends kam es wieder rein
Ging in sein Zimmer, innerlich voll mit Pein.

Sein kleines Herz es furchtbar brannte,
Jedoch niemand dies erkannte!
Und so der Schmerz wurd immer stärker
Der Geist des Kindes immer Kränker.
Die Probleme wuchsen, es wurd geschlagen,
die Eltern waren am Verzagen
und eines Tags, es war schon spät,
Biss ihm der Vater ins Gesicht
Das Kleine Kind, es schrie und tobte
Wollt es doch nur das man es lobte!

Mit neuer Wund, das Kind rannt hoch
Verschloss seine Tür, das Herz gebroch.
Ne Wund so groß sie würd nicht heilen
Nicht mal den Schmerz konnt es mit jemand teilen.
Langsam wurd die Narb immr größer
Manch könnt einer denken das Kind wurd böse
Da kam der Tag nun seiner Rache

Der Vater wurd alt und wollt ihm wieder trachten
Da griff das Kind dem Schöpfer sein
und haute ihm just eine Rein.

Zu End könnt man denken, sei die Geschicht,
Doch ware dem so Nicht.
Die äußeren Wunden schon verheilt,
nur Narben zeugten von seiner Zeit,
So war die Seel des Kind gebrochen
Zusammen mit Herz und Liebe, wie erstochen.
Es verließ die Eltern und lebte allein
für den Rest seines Lebens so sollte es sein
Denn ohne Herz, so jeder weiß,
ist die Liebe, nun kein Preis.

Pein

Ich denke ich darf mit Fug und Recht behaupten, dass dies mein düsterstes Werk ist! Zugleich auch eins meiner liebsten. Ich habe es wirklich sehr oft gelesen! Vor meinen Augen habe ich steht´s den Menschen als eine Art alte, rustikale Maschine, die durch ein Herz aus Fleisch und Blut betrieben wird, das aber langsam an Kraft verliert. Das ganze Szenario ist enorm düster! Meine Freunde haben mir empfohlen es erst ab 18 lesen zu lassen. Fast post-apokalyptisch und entmenschlicht, eine kalte Welt, ohne Seele. Es ist überall dunkel und am regnen. Eine Welt ohne Hoffnung, aber macht euch euer eigenes Bild.

Es zu lesen ist ein wenig tricky. Die ersten 3 Strophen werden langsam und mit viel Betonung auf die Reimwörter gelesen. Ab der vierten Strophe steigert sich die Geschwindigkeit enorm, wie bei einem Blitzkrieg und es wandelt sich fast in eine Art Gesang. Die langen Verse sollen besonders schnell gelesen werden um den Reim zu verstehen und den Verfall des Lebens direkt mitzuerleben.

It´s a dark, rainy night,
it´s already summer and dry
but so cold and quiet outside
you can hear a scream threw the night.

A lonely soul, sitting on an old chair, cries.
He is thinking about his Love, who dies.
His room is the only light in the night
But nobody cares for him when he cries.

The rain is falling to the ground
His soul and hers, were bound.
He hears only his own lounge breathing
until his lonely heart is beating.

The only thing he feels is pain,
something like oil is flowing threw his veins.
He wants to make it all just stop
But it is flowing from his bottom to the top!

And when his heart stops beating, because the pain makes him
sick,
he wakes up and realizes quick:
That he is already in hell, living eternal torture
because his love is gone and he is alone, that is his fortune.

Maren

Was soll ich sagen. Dieses Gedicht erzählt von einem kurzen Ausschnitt meiner letzten Beziehung zu einer Frau die mir sehr am Herzen lag. Sie war etwas Besonderes! Sie hat mir das Gefühl gegeben selbiges zu sein. Unsere Zeit war nicht lang, ein halbes Jahr, doch ich schloss sie in mein Herz. Und erzählte ihr alles von mir. Wie es endete… selbst heute noch werde ich nachdenklich. Wir hatten eine wunderschöne Zeit! Ich denke das ist das wichtigste.
Ich hoffe du wirst glücklich.
Du wunderschönes Mädchen.

Ich denk an den Tag, sie kam gerade heim,
war mit Freunden auf Sylt, abends lud ich sie ein.
Wir aßen ein Eis und tranken ein Wein,
ich erinner ihr Lächeln, welch wunderschön Schein.

Ich weiß noch genau, wir telefonierten sehr viel
Was sie eines abends sagt, das genau ich behielt
Sie misste mich so, und wollt mich bei sich
nur die Insel für uns, das sie mir versprich.

Beim Klang dieser Worte, mein Herz schlug so stark!
Da wusst ich noch nicht, ich würds tragen zu Sarg.
So schön unsre Zeit, zu Anfang auch war,
hätt ich nie mit gerechnet, was später geschah.

Ich kann mich erinnern, wie zärtlich wir küssten,
intim wurd die Liebe, mit allen Gelüsten!
In meinen Armen lag sie, und hielt sich ganz feste
Gott wie schön dies Gefühl, von allen das Beste!

So schön es auch klingt, ich komm nun zu End
Traurig aber wahr, es nahm eine bittere Wend!

Nach zahlreichen Treffen, wir hatten viel Spaß
ihr bezauberndes Lächeln, ich niemals vergaß.
Sie hat mich ersetzt, und zur Seite gelegt,
Nie war ich voll Schmerzen, und so sehr bewegt.

Doch so sollt es sein, sie fand einen andern,
mein Herz zerbrach, im dunkeln am wandern.

Aber egal dies ist, ist wünsch ihr nur Glück,
das schönste auf Erden, es sei ihr liebstes Geschick.

Winter Day

Dieses Gedicht, es ist wieder in Englisch, handelt von einem vermeintlich glücklichen Paar. Der Mann war blind vor Liebe, doch eines Tages erkennt er das Spiel das seine Frau mit ihm treibt. Nicht nur von ihr, auch sein bester Freund hatte ihn verraten. Ein Schmerz der das Herz gleich 2-mal zerriss!
Wirklich grausam, und in seiner Not und Pein weiß er nur einen Ausweg.
Es ist ein dunkler, den ihr nicht gehen solltet.

Tut mir den gefallen und lest es wenn möglich mit einem britischen Akzent! So kommt die Atmosphäre und Szenerie die ich im Kopf habe noch besser rüber. Ein kleiner Weihnachtsmarkt im Herzen Englands, als die Lüge aufliegt und der Betrug entdeckt wird.

It´s Winter,   everything is white and clear
outside the people,   they lough and drink Beer.
The christmas market is already here
my love looked into my eyes, and kissed me.

I feel her lips, right on my skin
they feel so soft, we drink a Gin.
Our bodys are full of alcohol,
never had thought   I´am such a fool!

She cheated on me, with my best friend
I saw a new ring, on her left hand.
He made her a present, just behind my back,
the pain was so hard, and broke me the neck.

Both of them, they are rude and bad,
what they deserve? I wanted them dead!
So i made a plan and took a big risk
but i didn´t care, they made me so sick!

It was friday night, they meet in the woods
they kissed each other like receive stolen goods.
Now it´s my time, i set the whole forest on fire
Even if I still love her, it was my deepest desire!

Verlorene Liebe

Dieses Gedicht zählt zu meinen persönlichsten. Nur selten wurde ich so verletzt, wurde mir so wehgetan und erfuhr ich ein Ereignis das mich auf´s äußerste für die Zukunft prägen sollte.

Es war mit dieser einen Frau zu deren Zeit ich mit diesem Werk begann.

Sie verließ mich! Verletze mich. Aber schlimmer noch. Sie brach mein Vertrauen! Mein Vertrauen in die Liebe. Und in die Menschen.

Ein Stück von mir das immer zu das Gute sah verschwand in dieser Nacht. Als ich von dem Verrat erfuhr. Ich zerbrach. Und weinte tausend Tränen. Niemand hörte mich, niemand war da. Es war ein Schmerz, so tief! Die Wunde würde nie heilen.

Eine tiefe Narbe blieb, eine Erfahrung. Eine Erfahrung die mich bis heute prägt und verändert hat.

Ich hoffe zum Besseren.

Wieder eine dunkle Nacht, allein ich verbracht,
Gedanken über die Arbeit, hat ich gemacht.
Da kam sie in meinen Kopf, und ich musst an sie denken,
meine verlorene Liebe, als würd sie mich lenken.

Wir hatten eine Zeit. so schön wie die Sterne,
ach würde ich sie haben und meins nennen gerne.
Doch leider sollte,   dem nicht so sein,
nein unsre Liebe,   zu früh brach entzwei.

Und so hab ich sie verlorn, und nur Erringung sind mein,
wie es damals war, als war´n war wir noch zwei,
denn nun sie vergessen, und nie wieder es sei,
so wie damals, im Regen, als war´n war wir noch zwei!

Ich liebt sie so sehr, und wollt sie nicht missen,
doch Satan hat se mir aus den Händen gerissen.
Sie fiel in die Hölle und ich sah sie nie wieder
egal was ich tat, ich hört ihre Lieder.

So sollte sie wieder zu mir gehör´n,
alle Teufel der Hölle, würd ich beschwörn,
noch einen einzgen Tag, ihr Lächeln sehn,
all meine Schmerzen, wären pa se.

Doch sollte dies   niemals eintreffen
nein stattdessen, hat ich gesessen,
gewartet auf sie, meine große Liebe,
doch insgeheim hat sie´s getrieben,
Mit einem andren Mann, ich konnt es nicht glauben,
Niemals im Leben, würd ich´s erlauben.

Doch sie hat mich betrogen und mein Herz war gebrochen,
in mir zerfloß das Blut, mein Herz war erstochen
und trotzdem wollt ich sie noch in meine Armen allein,
nur zu zweit wollten wir sein.

Doch sie hat mich betrogen und meine Seele zerrissen
Nun werd ich auf ewig mein Herz und Liebe vermissen.

Trauer

Viele von uns kennen dieses Gefühl. Einen geliebten Menschen verloren zu haben. Einen Teil von uns. Einen Menschen der einfach zu uns gehörte. Den wir vielleicht als selbstverständlich betrachteten. Bis wir ihn verloren. So beginnt die Trauer. Dieser Teil meiner Sammlung ist ein trauriger. Er zeigt uns was passiert wenn wir jemanden verlieren. Jemanden der uns viel bedeutete. Ja den wir vielleicht sogar liebten!

Es gibt viele Arten von Trauer. Wer hat nicht seinen Opa oder seine Oma verloren. Eine wunderschöne Bindung die plötzlich verloren ging. Einen geliebten Freund, der mit dir durch dick und dünn ging. Die bald wenn es dir schlecht ging und mit dir lachte wenn du glücklich warst.

Und dann gibt es noch diesen einen Menschen. Den Menschen den wir wirklich lieben. Dem unser Herz gehört. Der Teil von uns ist! Wenn wir ihn verlieren. Er nicht mehr Teil von uns ist. Somit nicht nur er verging, sondern auch ein Teil von uns.

Wir sind gebrochen! Wir leiden Qualen. Große Schmerzen überkommen uns. Ein brennen so tief und intensiv, wir können es nicht beschreiben. Es ist wie Leben und Sterben zugleich. Einfach nicht zu beschreiben.

Warum verlässt du uns? Warum gehst du? Habe ich etwas falsch gemacht?

All diese Fragen toben in unserem Kopf. Doch wir wissen keine Antwort. Und der Mensch ist fort. Vielleicht werden wir sie nie erfahren. Eine Narbe brennt sich in unser Fleisch. Eine Narbe so tief und stark wie nichts, dass wir zuvor kannten. Und auch wenn wir sie nicht sehen. Sie ist da! Und pocht mit all ihrem Schmerz und Ungewissheit. Genau in unserem Herzen. Der Motor der uns sonst am Leben hält. Er sorgt für Schmerz und Pein. Ein Gefühl der Qual!

67

Wir wollen ihr entkommen doch... es geht nicht.

Das ist es von dem folgende Gedichte handeln.

Ich wünsche euch viel Vergnügen beim Lesen.

Denn auch wenn sie brennen, ein jedes Gefühl tut gut zu empfinden. Denn es zeigt, dass wir noch am Leben sind.

Das wir noch Mensch sind. Und fühlen. Leben!

Wir sind noch wir. Auch wenn nicht mehr der Mensch der wir waren.

Wir leben.

Und das ist gut.

(Un)perfektes Glück!

Hmmmmm. Also ich weiß wirklich nicht wo ich gerade anfangen soll. Dieses Gedicht sollte zeigen das ich auch einen guten Anfang mit einem schlechten Ende verbinden kann. Nein wirklich! Ich weiß es klingt sehr trivial. Aber im Leben ist es wahrscheinlich oft so, dass Dinge oder Beziehungen schön beginnen und dann eine nicht so ganz positive Wendung nehmen.

Dieses Gedicht bezieht sich auf keine bestimmte Situation in meinem Leben! Keineswegs.

Nein. Es ist lediglich die bittere Wahrheit.

Natürlich dachte ich noch an die letzte Frau die ich kennen lernte und wie misslich sich unsere Situation änderte. Doch ich denke dies ist in vielen Beziehungen so. Leider.

Stellt euch ein Schiff vor. Ja Gott, stellt euch die Titanic vor! Eine wundervolle Szenerie. Vor einem schmerzhaften Ende.

Er hielt sie fest in seinen Armen, draußen tobte der Wind
ihre Lippen berührten sich, die Herzen schlugen geschwind.
Ein einzelner Blick, sie schaute ihm in die Augen
was sie dort sah   sollt sie verzaubern!

Sie sah ihre Zukunft, gemeinsam Hand in Hand
Ihre Herzen voll Liebe und Treue entbrannt
Für sie gabs nur ihn, für ihn gabs nur sie
Ihre Liebe wie ein Märchen, in bezaubernder Harmonie.

Er griff sie fest, und zog sie an sich ran
Dieser Moment wart unendlich, ein einzelner Liebesbann!
So wie sie sich küssten und spürten ganz innig
Hofften sie auf ihr Glück, viel zu leichtsinnig!

Ein Sturm zog auf, die Wolken wurden dicht
er nahm sie fest in den Arm, wollte sie aufgeben - nicht!
Das Schiff begann zu wanken,
Die Symphonie war am schwanken
Was sollte dies nur, ihre Liebe war perfekt
Doch zerbrach sie nun wie ne Vase, ein simples Objekt

Er hielt an ihr fest, wollt sie niemals verlieren
Doch das Schiff schlug auf Riff, der Moment am gefrieren
Er sah ihre Träne ins Meere fallen
laut war noch ihr „Ich liebe dich" hallen!
Das schiff es versank, die Liebenden trennte

Sein Herz noch immer vor Sehnsucht brennte.

Er sprang ihr nach und wollte sie retten,
erinnert sich blind an all ihre Facetten
Die liebe, sie war ihr heiliger Segen
sollte es nun schmerz und elend regnen?

Er tauchte immer tiefer, griff nach ihrer Hand
geschwind ergriff er sie und holt sie an Land
Da lag sie nun, sein gebrochenes Herz,
in seiner Brust wuchs der Schmerz.

Er küsst und wollt sie lächeln sehen
Doch all ihre Träumen waren   Pa se.
Ihr Augen blieben zu, ihr Herz wart still
Vielleicht sehn sie sich wieder - so Gott es denn will.

Kalter Sommerwind

Nun gut. Das folgende ist wieder ein fiktives Gedicht. Diesmal aus der Sicht einer Frau!

Ihr könnt euch ein großes, weites Feld vorstellen. In den 70ern. Überall blühen Rosen, und andere Blumen. Mitten auf dem Feld steht ein großer Baum während hinter ihm langsam die Sonne untergeht. Es ist eine wirklich schöne und fröhliche Szenerie. Neben dem Baum steht eine junge Frau. Sie wartet. Auf wen?

Das erfahrt ihr jetzt…

Die Rosen sie blühen, der Wind weht dezent,
der Herbst hat begonnen und die Herzen entbrennt.
Draußen sieht man, die Menschen sich küssen
niemand mag seine Geborgenheit missen.
Ein jedes Herz sich sehnt nach nähe
So wie der Wind durch die Rosen wehe.

Eines Tages, der Morgen ist still und kühl
im Herzen einer Frau sammelt sich das Gefühl
sie sehnt sich nach ihrem Mann, ein ganz besonderer er ist
Sie kennt ihn so gut, seit vielen Jahren, jede Seite ist ihr Gewiss.
Sie wartet am Baum, umringt von Rosen
Doch plötzlich unterbricht ihr Frohsinn.

Eilig kommt ein Mann, mit Brief in der Hand
zu der Frau am Baum, sie wartet gespannt.
So schnell wie ihr Herz   bis gerade noch schlug,
scheint es als wäre dies nun   genug.
Denn in der Nachricht, so steht es geschrieben.
Ihr Mann ist auf dem Feld im Krieg geschieden.

In tiefer Trauer die Frau zerbricht,
in Tränen hüllt sich ihr Gesicht.
Die einstge Liebe ist vergangen
Was sollt sie mit ihr´m Leben anfang?
So greift sie schnell und holt den Strick,
hängend am Baum, zwischen den Rosen, bricht ihr Genick.

Des Schicksals Hand

Dieses Gedicht, es ist zum Glück bloß fiktiv, ist eines meiner Liebsten! Es berührt mich auf so vielen Ebenen. Denn auch wenn ich es mir nur ausgedacht habe, so ist dies wohl ein Schicksalsschlag der viele von uns ereilt. Eine Gefahr die jeden von uns treffen kann.

Jeden Tag!

Was würdest du tun wenn sich von jetzt auf gleich deine ganze Welt ändert!

Wenn es nicht mehr so ist wie es war. Wenn der Mensch den du über alles geliebt hast plötzlich weg ist... und nie mehr zurückkehrt.

Ich persönlich weiß nicht was ich tun würde. Zum Glück war ich auch noch nie in dieser Situation! Ich hoffe auch niemand von euch kommt in diese Situation doch leider sagt uns die Statistik etwas anderes.

So traurig es auch ist.

Ich wünsche Ihnen und euch viel Spaß mit einem meiner größten Werke.

Es war diese Nacht... ich träumte von dir!
Nichts erhofft ich mir mehr als wärst du hier!
Du bist ein Teil von mir, mein Herz sehnt sich nach dir
Wie schön war die Zeit als war´n wir noch „Wir!"

So viel ist geschehen, ich denk nur an dich
Nie will ich dich missen, dein traumhaft Gesicht!
Doch das Schicksal so kalt, es brach uns entzwei,
niemals wieder wir werden   jemals vereint

Wie konnt es so komm, wieso musstest du gehen,
sah dich sterbend im Auto, unsere Zukunft pa sé.
So viel wollten wir tun, und zusammen noch sehn
Niemals hätt ich´s gewollt, würd dich jemand mir nehm!

Doch so kalt der Tod, er griff nach dir,
niemals wieder wir beide, niemals wieder „Wir"!
Was soll ich bloß tun, ich denk nur an dich
bleib in meinen Armen, BITTE, stirb nich!

Doch plötzlich erwach ich aus tiefem Traum
schau mich um und bin ganz alleine im Raum!
Wo bist du nur hin, ich will dich zurück
in meinem ganzen Leben du warst das größte Glück...

Die einsame Seele

Hmmm. Dieses Gedicht habe ich in einer tiefen Verzweiflung geschrieben. Ich fühlte mich alles andere als gut. Allein und verlassen. Wieder. Anscheinend für immer. Mein Herz wog schwer, und die einzige Möglichkeit meinen Schmerz zu lindern war ihn zu teilen. Mit diesem Gedicht. Das war alles was ich tun konnte.

Lest es in Rage! Werdet schneller und schneller, immer schneller!
Es ist ein fast melodischer Gesang. Die einzelnen Verse werden sehr schnell, fast ganz ohne Pause gelesen sodass sich der Vers reimt. Beim schneller werden spürt den Schmerz und die Einsamkeit. In der letzten Strophe werdet ihr langsamer. Und lasst nochmal alles auf euch wirken.

Er sitzt allein in der Küche, es ist Sommer aber kalt,
draußen ist es am regnen, man hört die betrunkenen, es hallt.
Allein er sich fragt, was ist der Sinn von seinem Leben
wenn er lebt für seit Jahren allein, trotz jedem bestreben.
Draußen er hört den regen prasseln
Wie gerne würd er sich in die arme einer Frau fallen lassen.
Oft hat ers versucht mit Dirnen, vielen!
Doch immer einsam und allein ist er geblieben.

Sein Leben sollt nun nehmen, eine andere Wend
ja tatsächlich zur Liebe hat er sich bekannt!
Das einst vereiste Herz, er hat es getaut,
doch nun sich keine einzge mehr traut.
Sie denken von ihm, er woll nur das eine
dabei will er doch nur die eine, Seine!
Doch egal was er tut und sich einfallen lässt
Am End der Schein trügt, und sie meiden was festes wie Pest.

Nur ein Spielzeug er ist in ihren Händen,
nach ihm verzerren sich ihre Länden,
für eine Nacht viel liebloser Spaß
Obwohl er nie wieder vergaß,
wie stark sein Herz sich sehnte nach einer festen seiner
doch sollt es ihm verboten bleiben und sollte sterben er alleine!
Zu schlimm sie waren seine taten sein,
die Vergangenheit konnt man nicht verzeihn.
Und egal wie sehr er wusch sein Herz sich rein

Einsam und alleine sollte er sein.

Sein Gedanken blieben für sich, wie Gebrechen
mit niemanden konnte er drüber sprechen!
Die Last war so schwer und sie wurd immer größer
es erhebte sich qualvolles wie etwas böses.
Befiel es seinen Körper und dann seinen Geist
was heut mit ihm ist, das niemand mehr weiß.
Nur das der Mann sich trennte, von seinem Herzen wieder
befallen anschließend schlimm von dem Fieber
Ein Wahn der ihn machte so verrückt,
nie konnte er finden jemals sein Glück.
Und so die Seele schwebt in rastloser Ruh
hier sei es beendet, das Kapitel ist zu.

Just ein Traum

Mit diesem Gedicht schließe ich den Kreis meiner 3 Tägigen Trauer. Hier endet es. Wir haben alles gesagt was zu sagen war. Den Rest musste ich mit mir selber ausmachen. Wieder mit mir ins Reine kommen. Mir bewusst werden, was ich brauche, wer ich bin und was mir WIRKLICH fehlt! Es war keine schöne Zeit. Aber sie hat mir geholfen! Und mich sehr weiter gebracht. Es ist auf Deutsch. Eine letzte Träne vergoss ich noch bevor ich beschloss weiter zu machen. Weiter zu machen wie bisher. Und zum Sport zu gehen. Schweren Herzens.

Dieses Gedicht wirft viele Fragen auf. Dementsprechend lest es langsam. Mit fragendem Ton! Die längeren Verse könnt ihr schnell lesen, doch macht am Ende eine kurze Pause und denkt über die Frage nach.

War das alles nur ein Traum?
Ich erinnere ihr Lächeln, als sie aus dem Urlaub kam.
Unser Kuss war wunderschön
Wir hatten eine wundervolle Zeit.
Habe ich mich so verlaufen?

Ich wollte doch nur endlich jemanden haben.
Jemanden beschützen, für jemanden da sein, lieben und geliebt
werden.
Die Zeit war so schön, ihr lächeln so hell.
Warum bin ich wieder alleine, was hab ich getan?

Ich wachte früh auf, sie lag in meinen Armen.
Ich hatte die Chance, sie wollte mich sehen, gestern Abend.
Wir wollten uns ausruhen, und telefonierten nur doch es kam
zum Streit.
Es eskaliert heut morgen, wieso kam es soweit?
Ist es vorbei, bin ich allein?
Wieder.

Meine Tränen trocknen auf den dunklen Tisch.
Draußen regnet es und ist sehr frisch.
Kein Sommer und keine Sonne
Mein Leben verliert seinen Frohsinn.
Ich werde zur Arbeit, weiter machen wie bisher
nur
Allein.

Der Liebe Bürde

Dieses Gedicht ist ein sehr spezielles. Ich schrieb es, da befand ich mich in einer Art Ekstase. Getrieben von Leid und Trauer durch die kürzlich verschmähte Liebe, wollte ich wieder tun und lassen was ich wollte. Gewissenlos meine Wilde Seite ausleben. Doch befriedigte mich das nicht mehr, und das wusste ich. So lohnte es sich gar nicht damit anzufangen.

Wie traurig wenn man tun und lassen kann was man will, doch das eine was man wirklich begehrt einem für ewig verwehrt bleibt.

Ich denke das kann einen in den Wahnsinn treiben.

Treibt es mich in den Wahnsinn?

Bin ich ein Monster?

Ein Monster   das es nicht kümmert   was man über es sagt,
es lebt, genießt sein Leben und macht nur was es sehr mag.
Die Gefühle von andren, interessieren es nicht,
Fremde Leiden und Qualen   sind wie ein Gedicht.

In seiner eignen Welt es lebt, über all andren
selbst über jede Leich, würde es wandern.
Solang die eigne Lust und Trieb Befriedigt,
Das Monster spielt wie es ihm beliebt.

Kaum zu glauben   was es mit den Menschen tut,
manch einem ließ es gar keine Ruh.
Doch das Monster hat kein Gefühl oder Herz,
egal was passiert, es spürt keinen Schmerz.
So das Leben es ist sein eigner Spielplatz,
die Menschen nur Schachfiguren, es legt sie Schach matt.

Doch egal was es tut   oder auch macht,
die Schnauze hats voll, es macht sie nicht satt.
Das Monster es will neue Grenzen beschreiten,
ganz egal was es kostet, die Laune soll heiter.
Die langweilgen Menschlein   reichen nicht aus,
etwas verrücktes und wildes   sucht es sich aus.
Die Puppen sollen nach seinen Launen spielen,
nur nicht gelangweilt will es getrieben.

Immer was neues   doch nie ist es satt,

das Monster Sehnsüchtig   will es mehr Macht!
Was nun wenn die Törichten Schachpuppen liegen,
Das Monster will neues Spielzeug kriegen!
Nur so können gesättigt seine Triebe
um den Verstand es sich bringt, es will doch nur Liebe!

Doch diese ist nicht zu finden, in der Welt,
so tut das Monster weiter was ihm gefällt.
Die ganze Welt dabei, geht zu Grunde,
für das Monster nichts weiter, ne kleine Wunde.
Denn die ganzen Figuren spielen nur nach seinen belieben,
ganz egal welch verrückter Geist das Monster getrieben.

Und so im Chaos die Erde versinkt,
einzig das Monster   lacht   und winkt.

Der zerbrochene Diamant

Dieser Gedanke schwirrt schon länger in meinem Kopf rum. Es geht um die Liebe. Um das Herz eines Mannes. Ein einsames Herz. Und was mit ihm geschieht wenn es nicht mehr gebraucht, ja sogar schlecht behandelt wird und ihm nur Schmerz widerfährt. Es zerbricht.

Das Herz. So wertvoll wie ein seltener Diamant. Wunderschön, in jedem Moment und doch so zerbrechlich. Jeder von uns wird mit einem geboren. Einem einzigen, ein Unikat, das gut gepflegt werden muss.

Ein einzelner Splitter, leise fällt er zu Boden
Draußen wütet ein Sturm, man hört ihn laut toben.
Auf dem Boden er zerschellt,
in 10 Tausend Teile zerfällt
Was war dies nur bloß, war eins es mal ganz
nun ist es zerstört, niemand erkanns!

Wir spulen zurück die Zeit, und sehen ein Herz,
es pochte sehr stark, jedoch voll Schmerz
Oft wurd es gebrochen
Die Lieb hats erstochen
So wars nicht mehr eins, in tausend Teile gebrach
in der nächsten Strophe der Besitzer, er sprach:

Mein Herz sehnt sich nach Liebe,
nicht mehr einsam will es sein
doch spürt es nur hiebe
und erleidet viel Pein.

Nun sehen wir den Mann, allein auf nem Feld.
hübsches Gesicht und die Taschen voll Geld.
Doch ist dies auch alles was die Frauen wollen
keine wollt ihm aufrichtge Liebe zollen.

Und so sind wir wieder bei dem einen Splitter
draußen tobt weiter das Gewitter.
Der Mann griff sein Herz, und schmiss es zu Boden
nie Liebe er fand, der Sturm weiter toben.

Eines Nachts...

Dies ist ein weiteres dieser Gedichte von denen ich froh bin, dass es nicht wahr ist.

Ich habe es mir ausgedacht! Und hoffe, dass nie jemand so etwas erleben muss…

Eine schreckliche Geschichte. Wenngleich voller Liebe so ist sie auch voller Trauer und Schmerz.

Verlust!

Der Verlust eines geliebten Menschen. Einer Person die nicht nur ein Teil unseres Lebens war, sondern auch von uns. Sie gehörte zu uns. Und somit stirbt auch ein Teils von uns…

Diese eine Nacht... sie gehört zur schönsten von allen!
Ich weiß noch genau... sie hat auch dir sehr gefallen!

Wir trafen uns Mittags... und gingen spazieren
nicht lang hat´s gedauert... unsre Herzen pulsieren!

ich schaut in die Augen, und küsst deine Lippen
dieser Moment. So schön! Ich könnte ausflippen.

Ich strich durch dein Haar, und spürt dich an mir
ein Gefühl von wärme, wir waren „Wir!"

Die nächsten Wochen miteinander verbracht
eines Abends, es war der Tag der Weihnacht!

Ich wartete auf dich, und wollt dich bei mir
ich rief dich an, du wolltest sein hier!

Was war nur geschehen, was ist bloß passiert?
Nie zuvor im Leben fühlt ich mich so blamiert!

Mein Herz hat ich verschenkt und es dacht nur an dich,
Nie hätt ich´s gedacht du würds lassen im Stich!

Ich fahre raus in die Nacht, mein Herz gibt keine Ruh,
was ist nur passiert wo bist bloß nur du!

Ich fahr durch die Straßen, die Nacht ist so dunkel
Doch mein Herz will nur dich, unser gemeinsames Funkeln!

Plötzlich bleib ich steh´n, alles ist still
Vor mir ein Unfall, Gott es denn Will?

Der Wagen erfasst, die Fahrerin tot,
ich kann´s nicht fassen, was sich mir bot.

Ich sehe dich, meine einzge Liebe,
Plötzlich ist´s mir, als wenn mein Herz stehen bliebe!

Dein lebloser Körper, im Wagen,   so kalt.
Ein LKW, der Fahrer schlief, hat dich geprallt!

Ich lauf zu dir rüber und greif deine Hand,
dein letzter Blick, er gerad mich noch fand.

„Ich Liebe dich", flüsterst du mir zu
„Und ich liebe dich", sage ich nur.

Schlusswort

So. Das war also meine Sammlung. Meine Sammlung von 20 Gedichten mit Geschichte. Was sagt ihr dazu?
Ich denke sie bringt recht treffend hervor, um was es im Leben geht. Liebe, Schmerz und Trauer. Wenngleich die Reihenfolge doch auch gerne eine andere sein darf.
Ich für meinen Teil habe nur selten geliebt. Sehr selten. Eine Frau vielleicht! Wenn überhaupt… Getrauert habe ich schon oft. Sei es über meinen verstorbenen Opa, verlorenen Freund oder misslungene Liebe. Auch Schmerz habe ich schon oft verspürt. Eine traurige und harte Kindheit. Viel Ablehnung und Hass. Missgunst und Neid. All diese Gefühle prägen und durchziehen meine Lebenslinie wie ein roter Faden. Doch ich bin noch hier! Und Glücklich. Sehr sogar. Jeden Morgen wache ich mit einem Lächeln auf. 1000 neue Gedanken und Ideen die mich durchfließen. Sei es um ein besserer Psychologe oder Tattoo-Model zu werden. Ich möchte etwas Großes werden. Und die Welt verändern!
Egal wie oft ich auch enttäuscht wurde, verletzt wurde oder getrauert habe. Ich habe nie den Glauben an die Liebe verloren. Nie!
Nein. Sie ist weiterhin mein höchstes Gut. Und ich suche nach der Frau, der einen die mich zusammen mit ihr glücklich werden lässt. Noch glücklicher als ich es schon bin. Eine Frau an deren Seiten ich einschlafe und mit der ich morgens aufwache und sie lächeln sehe.
Eine Frau die ich Liebe. Und die mich liebt. Ich glaube, dass es sie gibt. Für jeden von uns. Egal wie groß oder klein, dick oder dünn, schön oder hässlich. Es gibt diesen einen Menschen der uns liebt.
Der uns liebt wie wir sind. Und er ist es wert nach ihm zu suchen. Denn nur dann wenn wir ihn finden erfahren wir wie es ist wirklich vollkommen zu sein. Und glücklich.

Erfüllt mit Liebe, Schmerz und Trauer. Doch eine Person die uns zeigt wer wir wirklich sind und was Liebe ist. Glück.

Besonderer Dank

Vielen Dank Daniel für die Korrektur. Ich weiß deinen Einsatz und Akribie zu schätzen.
Vielen Dank Maren. Dir verdanke ich einen Großteil der Kreativität die nötig war um dieses Werk zu schreiben.
Ich hoffe die Einnahmen helfen Menschen denen es weniger gut geht in ein gesundes und positives Leben 2017 zu blicken.
Lasst uns gemeinsam etwas bewirken.
Machen wir die Welt zu einem besseren Ort.

Zeitfracht Medien GmbH
Ferdinand-Jühlke-Straße 7
99095 Erfurt, Deutschland
produktsicherheit@kolibri360.de